Bibliografische Information der Deutschen Nationalbibliothek:

Die Deutsche Bibliothek verzeichnet diese Publikation in der Deutschen National-bibliografie; detaillierte bibliografische Daten sind im Internet über http://dnb.d-nb.de/ abrufbar.

Impressum:

Copyright © 2019 GRIN Verlag
Druck und Bindung: Books on Demand GmbH, Norderstedt Germany
ISBN: 9783346004512

Dieses Buch bei GRIN:

https://www.grin.com/document/494356

Anja Schneider

Anfänge und Ziele der italienischen Epoche des Risorgimento

GRIN Verlag

GRIN - Your knowledge has value

Der GRIN Verlag publiziert seit 1998 wissenschaftliche Arbeiten von Studenten, Hochschullehrern und anderen Akademikern als eBook und gedrucktes Buch. Die Verlagswebsite www.grin.com ist die ideale Plattform zur Veröffentlichung von Hausarbeiten, Abschlussarbeiten, wissenschaftlichen Aufsätzen, Dissertationen und Fachbüchern.

Besuchen Sie uns im Internet:

http://www.grin.com/

http://www.facebook.com/grincom

http://www.twitter.com/grin_com

Il Risorgimento: Anfänge und Ziele

Inhaltsverzeichnis

Der Begriff „Risorgimento"

Das italienische Risorgimento gilt in der italienischen Geschichte als eine Epoche, welche von 1815 bis 1870 stattfand. Einige Historiker jedoch datieren den Beginn des Risorgimentos bereits mit der Französischen Revolution 1789 und das Ende erst nach dem Ersten Weltkrieg 1919. [1]

Risorgimento bedeutet „Wiederauferstehung". Der Begriff des Risorgimentos bindet die italienische Geschichte daher auch an gewisse Mythen. Man unterstellt Italien damit einst eine große Geschichte gehabt und einen Niedergang gehabt zu haben. Zwischen dem 15. und 18. Jahrhundert hab es in Italien viele mächtige Stadtstaaten, die im Laufe der Zeit ihre wirtschaftliche Macht sowie ihren politischen Einfluss verloren. Ein wesentlicher Grund dafür war die Machtausdehnung der österreichischen Habsburger und der Bourbonen. Im Gründungsmythos um das Risorgimento konzentrierte man sich vorerst nicht auf die Antike, sondern versuchte an das Mittelalter anzuknüpfen. Man bezog sich auf die Hochzeiten der Kommunen und auf das Papsttum als deren einigende Macht. Erst 1848/49 gewann der Mythos der antiken römischen Republik an Bedeutung.

1847 appellierte zum Beispiel **Goffredo Mameli** (1827-1849) in seinem Gedicht **Fratelli d'Italia** an die Italiener, sich ihres großen römischen Erbes würdig zu zeigen. Dieses Gedicht bildet im Übrigen den Text der Nationalhymne.

Um die Geschichte des italienischen Risorgimentos schreiben zu können, sind die Erneuerungen in den italienischen Staaten ab der Mitte des 18. Jahrhunderts zu berücksichtigen.[2]

Italien im europäischen Kontext

Bezugnehmend auf die Risorgimento-Mythen ist auch auf die Feindbilder Italiens zu verweisen. Italienische Patrioten gaben Österreich die Schuld an der Zerrissenheit ihres Landes. Durch Frankreich bekamen die Italiener die Wucht der Französischen Revolution zu spüren. Obwohl die Französische Revolution auch Spuren und Ideen in Italien hinterlassen hatte, wollte man nicht von Frankreich abhängig sein. Literaten wie Allessandro Manzoni sprachen davon, dass allein die Italiener selbst ihr Land von den Fremdherrschaften befreien konnten. Nicht zu vergessen ist dennoch, dass die Unabhängigkeitsbewegungen 3

---

[1] Vgl.: https://www.youtube.com/watch?v=xecW1STLntA
[2] Vgl.: Traniello, Francesco; Sofri Gianni. Der lange Weg zur Nation – Das italienische Risorgimento; S. 20ff

durch die Französische Revolution inspiriert wurden. Eines der Ideale, welche zum Vorbild genommen worden waren, waren die Menschen- und Bürgerrechte von 1789, welche damals von Napolèon Bonaparte mit dem Code Civil verbreitet worden waren. Ebenso ist Großbritannien nicht zu vergessen. Die Engländer waren ausschließlich an einem Gleichgewicht der Mächte in Europa interessiert. Allerdings kamen diese in den 1850er Jahren zur Erkenntnis, dass sich das Risorgimento bzw. die Nationalbewegung nicht mehr aufhalten lässt. Dennoch versuchten sie deren Eigendynamik zu kontrollieren. Die britische Regierung unterstützte Camillo Cavours Pläne zur Gründung eines italienischen Nationalstaates.[3]

Die Reformen des 18. Jahrhunderts

Wie oben schon kurz erwähnt, ist es für die Schreibung des italienischen Risorgimentos wichtig, die Erneuerungen ab der Mitte des 18. Jahrhunderts mit einzuschließen. Somit möchte ich nun kurz auf die Veränderungen der politisch-sozialen Strukturen der Staaten in Italien eingehen.

Nach dem Spanischen Erbfolgekrieg erhielt Österreich im Frieden von Utrecht (1713) und Rastatt (1714) das Königreich Neapel und Sardinien. Nach dem Österreichischen Erbfolgekrieg mussten die Habsburger mit dem Frieden von Aachen 1748 die Herrschaft über das Königreich Neapel wieder abgeben. Somit wurden unter anderem das Herzogtum Parma und das Königreich Neapel von den Bourbonen regiert. Genua musste 1768 Korsika an Frankreich abtreten. Auch das Papsttum musste sich meist den Vorgaben der europäischen Großmächte beugen.

Carlo Emanuele III. (1730 – 1773) aus dem Haus Savoyen regierte über Piemont und konnte sein Machtgebiet bis zum Fluss Tessin ausweiten. Sein regiertes Gebiet war einer der am besten organisierten Staaten Italiens. Durch die Regierung seines Sohnes **Vittorio Amadeo III. (1773 – 1796)** machte sich im Land eine von Militarismus und Autoritarismus geprägte Atmosphäre breit.

Die Medicis galten bis ins 18. Jahrhundert als einflussreiche italienische Dynastie. Ihre Herrschaft in der Toskana und in Parma wurden durch

---

[3] Vgl.: Traniello, Francesco; Sofri Gianni. Der lange Weg zur Nation – Das italienische Risorgimento; S. 24ff

„ausländische" Herrscher ersetzt. Dieser Machtwechsel wirkte sich durchaus positiv auf das Land aus. Durch die lange Friedenszeit war die Möglichkeit der Weiterentwicklung des „aufgeklärten Absolutismus" gegeben. Der **aufgeklärte Absolutismus** wurde in Italien aufgeklärter Despotismus genannt. Hier geht es darum, dass der Herrscher zum Wohlergehen seiner Untertanen regieren soll. Der aufgeklärte Absolutismus diente auch zur Stärkung des königlichen Absolutismus (dem König wird durch Gottes Gnade absolute Herrschaft über seinen Staat zugesprochen).[4]

Um die Durchsetzung ihrer Macht ohne Beschränkungen zu gewährleisten, benötigten die Fürsten würdige Bündnispartner. Diese fanden sie im **Bürgertum**, wo die Ideen der Aufklärung besonders emphatisch aufgenommen wurden. Aus diesem Grund kam es auch in diesen Staaten Italiens zu den umfassendsten Reformen, in denen die Aufklärung stärker verbreitet war als in anderen.

Die Vertreter der jansenistischen Bewegung hofften auf die Unterstützung der aufgeklärten Fürsten in Sachen Kirchenreformpläne. Die italienischen Jansenisten vertraten die Vorstellung, dass die Kirche der Hoheit der weltlichen Macht und des Staates unterstellt sein sollte. Hier ist **Pietro Leopoldo von Habsburg-Lothringen**, Großherzog von Toskana (1765 – 1790) zu nennen. Durch seine stetige Reformpolitik machte der Regent die Toskana zu einem Musterstaat. Ebenso versuchte man sich in der Lombardei und im Königreich Neapel an verschiedenen Reformen. In Neapel sind berühmte Wirtschaftsleute wie Ferdinando Celestino Galiani (1728 – 1787) und Antonie Genovesi (1713 – 1769) zu erwähnen. Durch sie verbreitete sich der gute Ruf der Aufklärung auch im Süden. Das Reformprogramm von **König Carlo III** (1716 – 1788) wurde von Minister Bernardo Tanucci (1698 – 1783) umgesetzt.

Der aufgeklärte Absolutismus in Italien erwies sich für das Risorgimento durchaus als nützlich. Durch ihn konnte die wesentliche Funktion des Gewaltmonopols sichtbar gemacht werden. Mit dem dadurch erzielten wirtschaftlichen Aufstieg der italienischen Staaten konnte eine neue politische Oberschicht heranwachsen. Die bürgerliche Schicht war zweifelsohne Hauptträger des Risorgimento.

---

[4] Der lange Weg zur Nation – Das italienische Risorgimento; S. 40ff

Die Jakobiner

Zur Zeit der Französischen Revolution wurden die reformerischen Bewegungen verurteilt. Beispielsweise Dalmazzo Vasco aber sah in der Revolution eine Gelegenheit für eine Restauration des alten Systems. Gleicher Ansicht war ein Teil des Bürgertums sowie einige aufgeschlossene der Adelsschicht. In jakobinischem Stil sollten freie, republikanische Nationen mit Demokratien gebildet werden. Das alte System sollte abgeschafft werden.

Durch die Französische Revolution verbreiteten sich in den Ländern Unruhen. Dennoch gab es auch einige Befürworter wie Alessandro Verri in Mailand. Ziel war die Schaffung eines Kreises freier, republikanischer Nationen mit Demokratien. Der Jakobinismus zielte darauf ab das alte Regime abzuschaffen. Weiters sollte es zu einer Landreform kommen, in der auch das „einfache Volk" in die politische Erneuerung und Neugestaltung des Staates eingebunden werden sollte.

Erste Aufstände wurden zum Beispiel in Bologna von Luigi Zamboni und Giovanni Battista De Rolanis angeführt. Diese Aufstände wurden allerdings 1794 alle niedergeschlagen. Ein wichtiger Anhänger des Risorgimentos war Filippo Buonarroti.

Filippo Buonarroti (1761–1837) gilt als Vordenker für eine italienische Einigung. Er strebte die Einigung auf sozialrevolutionärer Grundlage an. Von Beginn an war er Verfechter für die Ideen der Französischen Revolution. Aus diesem Grund musste er sich auch für einige Zeit aus Italien zurückziehen. Ebenso war er Revolutionskommissar für das Gebiet Oneglia, wo er in den Jahren 1794/95 versuchte die Ideen der Französischen Revolution auf Italien zu übertragen. Nachdem er einen gescheiterten Aufstand in Korsika mitgeplant hatte, musste er nach Frankreich flüchten.[5]

Napoleon Bonaparte

Während der Herrschaft von Napoleon Bonaparte wurden die ersten italienischen Republiken gegründet. Die erste italienische Republik wurde 1796 in der Stadt Alba gegründet, welche Bonaparte im Frieden von Cherasco an das Haus Savoyen abgetreten hatte. In den Jahren 1796/97 folgten weitere Friedensschlüsse mit dem Herzog von Parma, dem Herzog von Modena, dem König von Neapel und mit Pius VI. Bonaparte galt als Anführer der Revolutionsarmee. Unaufhaltsam

---

[5] Vgl.: Der lange Weg zur Nation – Das italienische Risorgimento; S. 47ff

wurden immer mehr Republiken gegründet. Allerdings wurden nur Verfassungen nach dem französischen Modell von 1795 akzeptiert. Auf der Versammlung von Reggio Emilia 1796/1797 wurde die Cispadanische Republik gegründet, welche die Gebiete Reggio, Modena, Ferrara und Bologna umfasste. Zum ersten Mal tauchte die Trikolore auf. Im Juli 1797 entstand mit der Vereinigung mit der Lombardei das größte Staatsgebilde Italiens – die Cisalpinische Republik. Danach folgte, ebenfalls 1797, die Gründung der Ligurischen Republik. Im Jahr 1798 entstand die Römische Republik. Währenddessen weitete Napoleon seine Macht und seine Gebiete gewaltvoll weiter aus.

Durch Napoleon Bonapartes Feldzüge wurde in ganz Europa ein neuer Drang von Freiheitserwartungen entfacht. Es wurde zur Erkenntnis gebracht, dass nationale Unabhängigkeit und politische, konstitutionelle Freiheit untrennbar miteinander verbunden sind. Gleichzeitig erkannten die Italiener, dass sie ihre Heimat selbst erobern müssen, um eine Nation zu werden. Für das Risorgimento hingegen war die napoleonische Herrschaft wichtig. Immerhin konnten dadurch Reforminitiativen fortgesetzt werden. Ebenso konnte sich eine staatliche und militärische Führungsschicht herausbilden. Im Jahr 1814 wurde Napoleon schließlich gestürzt. Im November 1814 wurde der Wiener Kongress einberufen.[6]

Der Wiener Kongress
Am 1. November 1814 wurde der Wiener Kongress eröffnet. Thema war die Neuordnung Europas nach den Feldzügen Napoleons. Vertreter der Siegermächte dominierten den Kongress. Vertreten waren unter anderen Minister Lord Castlereagh (England, 1769 – 1822), der österreichische Fürst Metternich (1773 – 1859), Russland mit Graf Nesselrode (1780 – 1862) und Preußens Gesandter Fürst von Hardenberg (1750 -1822). Ebenso befand sich Frankreichs Vertreter, Graf Tallyrand (1754 – 1838) auf dem Wiener Kongress. Die Siegermächte hatten vor allem großes Interesse daran ein neues europäisches System zu errichten und diesem eine größtmögliche Stabilität zu verleihen. England war nach wie vor an einem Kräftegleichgewicht interessiert. Fürst Metternich hatte eine ausgleichende Funktion inne, unter anderem führte er eine Reaktivierung von Elementen des aufgeklärten Absolutismus herbei. Der russische Zar Alexander I. setzte sich dafür ein, dass die neue Ordnung Europas religiös abgesegnet sein müsse. Es wurde die Heilige Allianz ins Leben

---

[6] Vgl.: Der lange Weg zur Nation – Das italienische Risorgimento; S. 49ff

gerufen, welche zwischen Russland, Österreich und Preußen geschlossen wurden. Später trag auch Frankreich dem Bündnis bei. Es galt der Grundsatz, dass sich die einzelnen Staaten „alle als Mitglieder einer einzigen christlichen Nation betrachten, weil sich auch die drei verbündeten selbst als Gesandte der Vorsehung betrachten, um die drei Zweige derselben Familie zu regieren." Bei den Verhandlungen waren den Herrschern ausschließlich machtpolitische Überlegungen wichtig.[7]

Italiens Restauration

Allein durch territoriale Veränderungen konnte Italien nicht zur Vergangenheit zurückkehren. Genua und Venedig gehörten nicht mehr zu Italien. Mittelitalien war in kleinere Herzogtümer und Fürstentümer aufgeteilt. Das Herzogtum Parma, Piacenza und Guastalla ging an Maria Luisa von Habsburg-Lothringen, der Ehefrau von Napoleon Bonaparte. Das Fürstentum Massa und Carrara unterlag Maria Beatrice d'Este. Die Bourbonen in Parma übernahmen kurzzeitig das Herzogtum Lucca. Das Großherzogtum Toskana fiel erneut in die Hände des Hauses Habsburg-Lothringen. Den Kirchenstaat bildete unter Papst Pius VII. das übrige Mittelkärnten. Süditalien und Sizilien wurden zu einem Königreich zusammengefügt und von Ferdinando Bourbon regiert.

Durch diese Aufteilung war es unmöglich eine nationale Einheit zu erzielen. Erneut wurde Österreich zum ungeliebten Fremdherrscher über die Italiener. Österreich durch dynastische aber auch durch militärische Bündnisse mit allen italienischen Fürsten vernetzt. Diese Fürsten folgten ausschließlich der Krone des Habsburgerreiches. Die Politik der Heiligen Allianz wurde dadurch wiederum gefördert.

Dennoch blieb die Erinnerung an den aufgeklärten Absolutismus aufrecht, die Modernisierung sollte durch die Fürsten in den einzelnen Staaten fortgesetzt werden. In Piemont herrschte ein Bündnis zwischen Aristokratie und herrschender Dynastie. König Vittorio Emanuele I. und sein Ministier Prospero Emanuele setzten sich das Ziel, die Gesetzgebung nach dem französischen Modell zu beseitigen und zu den Wegen der Reformen zurückzukehren. Auf Toleranz setzte auch die österreichische Regierung in Lompardo-Venetien. Durch Maria Luigia von Parma (1791 – 1847) und Minister Adam Albert von Neipperg konnte in Parma die ältere Aufklärungspolitik weitergeführt werden. Besonders die Toskana war vom aufgeklärten Absolutismus geprägt, was auch über das ganze Risorgimento hindurch ersichtlich war. Im Königreich Beide

---

[7] Vgl.: Der lange Weg zur Nation – Das italienische Risorgimento; S. 58ff

Sizilien unter König Ferdinando I. (1751 – 1825) scheiterte das Vorhaben der Fortsetzung des aufgeklärten Absolutismus.

Schon während Zeiten Napoleons wurden Geheimgesellschaften gegründet. Ziel war eine politische Erneuerung. Aufgrund der dominierenden Restauration durch Metternich, gab es in den italienischen Staaten immer mehr dieser Gesellschaften. Auch Filippo Buonarroti schloss sich einer dieser Gesellschaften an. Es wurden Programme verschiedenster Art vorgetragen und forderten Verfassungen ein. Man wandte sich jedoch nicht gegen eigenen Herrscher, sondern erwartete von ihm die freiwillige Umwandlung der Herrschaftsformen. Die Carboneria war die bekannteste Geheimgesellschaft, zu ihr zählten hohe Verwaltungsbeamte und Militärs napoleonischer Prägung. Auf diese Gesellschaft sind die ersten revolutionären Versuche zum Sturz der Heiligen Allianz zurückzuführen. In den Jahren 1820/21 kam es zu Aufständen, welche von der Carboneria inszeniert wurden. Die Aufstände gingen von Spanien auf Portugal, Italien und Griechenland über.

1827 schloss sich Giuseppe Mazzini (1805 – 1872) den Carboneria an. Der letzte Ausstandsversuch erfolgte 1831. Durch den Mazzinianismus war man sich des Zusammenspiels von Unabhängigkeit, Freuheit und Einheit für Italien und die sich daraus ergebenen politischen Probleme bewusst geworden. Für Mazzini hatten die Italiener als Volk und Nation absoluten Vorrang in Europa. Er ließ dem italienischen Volk eine besonders wichtige Rolle zukommen. In Frankreich saß mittlerweile Louise-Philippe I. auf dem Thron. Auf ihn lagen die Hoffnungen der Patrioten. 1820/21 wurden in Italien nicht alle Staaten von den Aufständen erfasst. Aufstände in den Herzogtümern Parma und Modena blieben zum Beispiel aus. Doch gerade diese Herzogtümer ließen sich erneut von der französischen Initiative mitreißen. In Modena und Parma wurden also erneut Revolutionsversuche gestartet. In Modena wurden diese allerdings durch Fürst Francesco IV. niedergeschlagen. Ciro Menotti, der Anführer der Verschwörung wurde mit seinen Anhängern zu Tode verurteil. Ganz im Gegenteil zu den Aufständen in Modena, hatte man in Bologna und Parma Erfolg. Anschließend wurde eine provisorische Regierung ausgerufen und die weltliche Herrschaft der Päpste für beendet erklärt. Jedoch schaltete sich hier Österreich ein und besiegte die Patrioten in der Schlacht bei Rimini. Mazzini musste wegen seiner Mitgliedschaft in der Carboneria nach Marseille flüchten und gründete die neue Gesellschaft „Giovine Italia". Diese sollte die erkannten Schwächen der Carboneria ausgleichen. Durch die erneut entfachten Differenzen zwischen Frankreich und Österreich wurde erneut ein Flüchtlingsstrom losgetreten, wodurch die Organisation

Mazzinis wiederum wuchs. Mit Schriften und Zeitungen verbreitete die Giovine Italia ihr Programm. Zu den wichtigsten zentren zählten Genua und die Livorno und die Lombardei.

Mazzinis, welcher als Exilant mittlerweile in London lebte, zielte mit seinen Aktionen darauf ab, einen Volksaufstand zu provozieren. Diese Unternehmen scheiterten jedoch kläglich. Es folgten Gefangennahmen und Hinrichtungen. Ab den 1840er Jahren konzentrierte sich Mazzini darauf, Anhänger in breiteren Volksschichten zu gewinnen. Es folgten neue Zeitungen und Propagandaaktivitäten.

Mazzini vertrat zwei Funktionen: die demokratische Mystik und die dogmatische Position. Beide Positionen erfüllten die historische Funktion in der Risorgimento-Bewegung. Einerseits wird vor idealistischer Abstraktion, andererseits vor der Gefahr exzessiver Realpolitik bewahrt.[8]

Aufschwung

Obwohl Mazzini mit seinen Unternehmungen gescheitert war, begann sich die italienische Gesellschaft um 1840 ökonomisch weiterentwickeln. Dadurch wurden die Regenten gezwungen, größere politische Initiativen zu zeigen.

Es formierte sich eine neue Denkrichtung, die von wissenschaftlich-pragmatischem Interesse war. Ebenso war diese Gruppe auch für wirtschaftliche und technische Fragestellungen offen. In dieser Gemeinschaft wurde der demokratische Föderalismus vertreten.

In Piemont gelingt währenddessen die Wiederaufnahme der gegen Österreich gerichtete Politik. Carlo Alberto versuchte sich aus wirtschaftlichen Gründen von der lombardo-venetianischen Wirtschaftspolitik zu lösen. Deshalb schloss er mit England (1841) und Frankreich (1843) wichtige Handelsabkommen. Mit Österreich hingegen kam es im Jahr 1846 zu einem Zollkrieg. Dadurch, dass Österreich seine italienischen Besitztümer eher als Ausbeutungsgebiete betrachtete, verspielte die Habsburger viele Sympathien.

Carlo Cattaneo und Giuseppe Ferrari waren bedeutende Vertreter des Risorgimento-Denkens. Cattaneo war es wichtig, von den tatsächlichen wirtschaftlichen Gegebenheiten des Landes auszugehen. Er war 1848 der Wortführer des Volksaufstandes. Guiseppe Ferrari war sich der

---

[8] Vgl.: Der lange Weg zur Nation – Das italienische Risorgimento; S. 60ff

Bedeutung der Französischen Revolution durchaus bewusst. Er erkannte den Einfluss auf die Unabhängigkeitsbewegungen in Italien. Für ihn waren die Reformen von oben mangelhaft.

In den vergangenen Jahren hatten sich, abgesehen vom Kirchenstaat, sämtliche italienische Staaten der Verwaltungsreformbewegung angeschlossen. In der Toskana und auch im Königreich Beider Sizilien zeigten sich Grenzen der Reformschritte.[9]

Das „neoguelfische" Moment

Vincenzo Gioberti war Anhänger Mazzinis und wurde aus diesem Grund aus Turin verbannt. Giobertis Verdienst lag darin, dass er eine verbreitete Haltung auf schlagkräftige politische Begriffe reduzierte. In der katholischen Kirche erkannte man die authentisch italienische Kulturleistung und zivilisatorische Kraft.

Als 1846 Giovanni Maria Mastai-Ferretti Papst Pius IX. wurde, kamen „neoguelfische" Hoffnungen auf. In ihm fand Gioberti einen Anhänger und Bewunderer. Pius IX. wurde zum Bannerträger der italienischen Freiheit und Unabhängigkeit. Nun wurden auch Verhandlungen zwischen den italienischen Regenten aufgenommen. Immer häufiger und heftiger wurde gegen die österreichische Herrschaft protestiert. Als Abschreckung sollte die Besetzung der Stadt Ferrera dienen. Durch seinen Protest löste Papst Pius IX. eine Welle der Zustimmung aus. König Carlo Alberto bot ihm zum Beispiel Unterstützung an.

Jedoch ist zu beachten, dass trotz all den Protesten gegen die österreichische Herrschaft, immer wieder Gegensätze auftauchten. Italien hatte zwar die Idee einer nationalen Einheit geschaffen. Allerdings ist zu beachten, dass zum Beispiel das Haus Savoyen andere Ziele verfolgte. Italien ist zu dieser Zeit um 1848/49 noch nicht am Ziel eine nationale Einheit zu schaffen angelangt.[10]

---

[9] Vgl.: Der lange Weg zur Nation – Das italienische Risorgimento; S. 77ff

[10] Vgl.: Der lange Weg zur Nation – Das italienische Risorgimento; S. 90ff

Quellenverzeichnis

- Geschichte in fünf (2016): Risorgimento - Die Einigung Italiens. Online verfügbar unter https://www.youtube.com/watch?v=xecW1STLntA.
- Traniello, F.; Sofri, G. (2012): Der Lange Weg zur Nation. Das italienische Risorgimento. 1. Auflage. Stuttgart: W. Kohlhammer GmbH.